ÉLOGE FUNÈBRE

DE

L'ABBÉ PERRIN

VICE-ARCHIPRÊTRE D'AMBARÈS

PRONONCÉ DANS L'ÉGLISE DE CETTE PAROISSE
LE 10 DÉCEMBRE 1879

PAR

M. L'ABBÉ BELLOT DES MINIÈRES
CHANOINE, SECRÉTAIRE GÉNÉRAL DE L'ARCHEVÊCHÉ

BORDEAUX
IMPRIMERIE G. GOUNOUILHOU
11, rue Guiraude, 11

1879

ÉLOGE FUNÈBRE

DE

L'ABBÉ PERRIN

VICE-ARCHIPRÊTRE D'AMBARÈS

PRONONCÉ DANS L'ÉGLISE DE CETTE PAROISSE
LE 10 DÉCEMBRE 1879

PAR

M. L'ABBÉ BELLOT DES MINIÈRES
CHANOINE, SECRÉTAIRE GÉNÉRAL DE L'ARCHEVÊCHÉ

BORDEAUX
IMPRIMERIE G. GOUNOUILHOU
11, rue Guiraude, 11

1879

ÉLOGE FUNÈBRE

DE

L'ABBÉ PERRIN

VICE-ARCHIPRÊTRE D'AMBARÈS

Euge, serve bone et fidelis : intra in
gaudium domini tui.

Serviteur bon et fidèle, entrez dans la
joie de votre Seigneur.

(S. MATTHIEU, XXV, 21.)

MES FRÈRES,

Ce n'est pas un discours que je viens prononcer.
Si mérité que soit un véritable panégyrique, il ne
m'est pas permis d'y songer; je ne puis dire à
M. l'abbé Perrin qu'un adieu suprême : mais je
ne saurais m'en défendre. Je l'ai connu et affec-
tionné avant vous tous; souffrez donc que je
mêle mes larmes aux vôtres et qu'interprète de la
douleur commune, j'essaie de payer d'une parole
sobre, dans cette funèbre cérémonie, un tribut de
regrets à celui qui fut le guide de vos âmes et un
parfait ami.

Il m'eût été bien doux de le voir honoré
pendant sa vie; et s'il eût été en mon pouvoir de

lui créer un sort plus beau et une position éclatante, je n'y eusse pas manqué.

Ce rêve d'une vieille affection ne valait pas, mes Frères, les desseins de la bonté providentielle à son égard. Mieux que personne, Dieu savait ce qui convenait à cette âme simple, avant tout, et droite et généreuse: il l'a tenue à l'écart des intrigues et des ambitions les plus légitimes; et, sur votre modeste coin de terre d'Ambarès, il lui a donné une mission, imposé des devoirs, et accordé en retour de sa fidélité des consolations qui priment de plus hautes destinées.

En ce moment, j'en remercie Notre Seigneur; oui, ce que Dieu fait est bien fait.

S'il y eût aspiré, M. l'abbé Perrin, suivant le cours ordinaire des choses, aurait pu arriver à un rang éminent entre ses concitoyens et devenir peut-être l'un des favorisés de la fortune. Combien, en effet, n'en comptez-vous pas de moins intelligents que lui, de moins âpres au labeur nécessaire, de moins richement dotés du côté du cœur, de moins bien servis par les circonstances, et dont les noms jettent de l'éclat? Mais ceux-là, presque toujours, ne sont que des êtres prétentieux et cupides; ils se cherchent eux-mêmes et mettent pour atteindre leur but le genre humain à contribution.

Éclairée de la pure lumière d'en haut, la voie que notre digne ami a suivie fut bien autrement désintéressée.

De bonne heure, M. l'abbé Perrin renonça de

grand cœur à tout établissement dans le siècle, à toute satisfaction d'amour-propre comme à tout avantage matériel. Avec des dehors timides, embarrassé depuis une terrible maladie dans les liens d'une souffrance presque continuelle qui le minait sourdement, c'était néanmoins une vaillante volonté; passionnée pour le vrai et n'ayant en vue que le bien, non pas le bien comme le conçoit l'imagination des sophistes, mais comme la charité la plus candide et la mieux raisonnée en même temps la comprend et se sent l'étroite obligation de la réaliser.

Dans ces sentiers, un pas en prépare un autre; M. Perrin fut logique et alla jusqu'au bout. Enfant, il avait été pieux aux bras de sa mère; adolescent, il demeura chaste sur les bancs du collège, et sans respect humain, comme sans ostentation, ne négligea rien de ses pratiques religieuses. Jeune homme, il n'entrevit les folies et les vanités du monde que pour leur préférer les joies austères de la science; bientôt il négligea la science elle-même pour l'humble service des autels et se dévoua sans arrière-pensée à Dieu et à ceux en la personne de qui l'image de Dieu se reflète avec prédilection ici-bas, les pauvres, les petits, les affligés. Il laissa les morts, comme parle l'Évangile, ensevelir les morts et suivit son divin Maître, comme autrefois les apôtres.

Il ne s'en repentit jamais; il n'a même jamais cessé d'en rendre au ciel les plus touchantes actions de grâces : mais ne supposez pas que ce fût sans un prodigieux effort sur lui-même.

Je le vois encore à ce moment décisif, à cette crise solennelle de son existence.

Vous qui l'avez étudié de près depuis son entrée dans les ordres, et qui avez admiré sa sublime placidité, vous ne soupçonneriez même pas tout ce qui se passa en son cœur et combien il en coûta, avant de consommer son sacrifice, à ce chrétien fervent, mais scrupuleux, qui avait conservé intact le trésor de son innocence, et qui ne trouvait en lui qu'indignité; qui avait faim et soif d'immolation, et se croyait incapable de porter le moindre joug; qui brûlait de glorifier Dieu en le faisant aimer, et se serait enfui et caché dans les entrailles de la terre pour se dérober au sacerdoce.

Ce n'était pas l'amour des créatures qui l'en détournait, c'était l'excès de son humilité qui l'aveuglait sur lui-même et lui donnait le change sur ses véritables dispositions et ses aptitudes, bien qu'il entendît la voix qui lui disait : Suis-moi.

Il ne m'appartient pas de m'expliquer davantage; témoin et confident de ces luttes intimes, je l'ai plaint et rassuré; j'ai cherché à le dissuader d'une détermination dont la seule idée bouleversait tout son être; je lui ai mille fois représenté les raisons qui semblaient lui commander d'en finir avec tant de cruelles perplexités. Et toujours il me répondait : J'ai peur de ne pas être un bon prêtre, et je sens bien pourtant que Dieu m'appelle et sera le plus fort.

Singulier état de l'âme que bien des saints ont traversé! Cruelle, mais salutaire épreuve d'où ils sortent trempés à jamais et prêts ensuite pour toutes les merveilles de la vie de sacrifice!

Dans un jour béni, Dieu triompha en effet de ces incroyables agitations; il dit à cet océan, car il n'y a pas à s'y méprendre, c'est une mer grosse de tempêtes que le cœur d'un jeune homme, même le plus pur! « *O mer, fais silence et calme-toi!* » Et le calme se fit.

M. Perrin qui avait rugi comme un lion blessé, devint à partir de ce moment la bénignité même et le doux agneau que vous savez.

« La Sainte Vierge, m'écrivit-il, a eu pitié de moi, j'étais fou, sans doute, de regimber contre l'aiguillon; je n'ai qu'à me rendre : je serai demain au séminaire. » Et, sur le seuil du séminaire, il fut reçu par celui qui vous trahit ces secrets des conduites de Dieu sur notre ami; j'avais précédé mon condisciple dans le noviciat de la vie sacerdotale; il vient de prendre le devant à son tour et il a pénétré le premier dans le sanctuaire où Dieu habite avec les siens.

Il a tout fait, mes Frères, il a tout fait, lui, pour être acclamé à son entrée dans le tabernacle éternel. Tandis que ballotté comme je le suis dans les mille soucis d'une vie tourmentée où, par ma faute, sans doute, je n'appartiens bien souvent ni

à Dieu ni à moi-même, précisément parce que je
me suis fourvoyé sans doute loin des sentiers où
j'aurais dû suivre mon ami et mon modèle : cet
ami, ce prêtre exemplaire, a été, entre les mains
de Dieu, simple et docile comme l'argile entre les
mains du potier; destiné au gouvernement des
âmes dans une paroisse de campagne, il s'est
montré en ce modeste rôle à la hauteur des postes
les plus élevés, car il y a déployé toutes les vertus.

Vous l'avez vu à l'œuvre, mes Frères; vous
savez ce qu'il était, ce qu'il valait, ce qu'il accom-
plissait avec bonheur de pénibles et obscurs
travaux, toujours le même, toujours indulgent et
affable, toujours ingénieux et plein de condescen-
dance, sans manquer de fermeté, ne se rebutant
pas, entrant dans les minutieux détails, ne trou-
vant rien de petit, d'une sollicitude universelle,
délicat et attentif, prêt à l'appel des infirmes
ou des mourants, le jour et la nuit, sous le
chaume plus encore que sous le toit qui connaît
l'aisance; il a vécu pour vous, ainsi; tout ce qu'il
avait, tout ce qu'il pouvait, il vous l'a donné; il
vous a prodigué les trésors de son exquise nature,
heure par heure, jusqu'à son dernier soupir.

Tel il avait été au sortir du séminaire dans le
vicariat de Saint-Pierre de Bordeaux; tel encore à
Macau, qui le posséda trop peu de temps, mais
où il avait déjà donné des gages trop sérieux de
son esprit pastoral pour qu'il y eût l'ombre d'une
hésitation chez ses supérieurs ecclésiastiques, chez

le chef surtout, si bon et si vénéré de ce diocèse, lorsque la pensée vint de confier à l'abbé Perrin un champ plus vaste à cultiver.

Ce champ, c'était vous, ô fidèles! Paroisse privilégiée d'Ambarès! chrétienté encore florissante en ces jours difficiles où souffle un vent fatal! tu étais digne de ce prêtre, comme il était digne de toi. Même à cette heure d'épreuve, quel accord ici et quelle unanimité de sentiments, lorsqu'il n'y a que division ailleurs! Ici, tout est debout et prospère; ici, je ne vois qu'une famille. Vous êtes tous des frères; mais, après Dieu, à qui êtes-vous redevables d'un pareil bienfait, et, pour ainsi parler, d'une aussi glorieuse part, sinon à celui qui était entre vous le trait d'union par excellence; à celui qui vous donnait si sincèrement les noms les plus tendres, pour vous commander de vous aimer comme les enfants d'un même père; à celui qui s'est brisé, comme un arc trop tendu, à votre service?

Ah! pourquoi cette fin prématurée? pourquoi cette soudaine catastrophe? A l'âge où était votre excellent curé, que d'années semblaient encore promises à son zèle, à son affection! Il touchait à peine au seuil de la vieillesse, et, si ses cheveux avaient blanchi avant le temps, son noble cœur n'avait rien perdu de ses ardeurs, ni son intelligence de ses rayons. L'enveloppe seule s'usait vite et l'œil clairvoyant tremblait, il est vrai, et suivait les progrès du mal; mais tant de vœux montaient vers le ciel pour qu'il vous fût longtemps conservé, que l'illusion était possible.

Pour moi, en particulier, j'étais loin de prévoir une aussi brusque séparation. Je prenais mes désirs pour une réalité; il devait vivre, puisque je voulais qu'il vécût encore; et je le voulais afin de pouvoir redescendre avec lui le versant du coteau que nous avions gravi ensemble dans nos jeunes ans.

Qui donc, en effet, entre tous ceux qui le pleurent, a plus que moi l'amer regret d'avoir si peu joui de cette âme d'élite, et cela malgré tant de prévenances de sa part, tant d'instances, tant de bontés? Qui donc lui rappelait de plus touchants souvenirs? Pour n'en citer qu'un seul, n'était-ce pas moi qui l'avais assisté la première fois qu'il était monté à l'autel?

Se rapprocher après de longs labeurs et goûter un peu de repos en devisant des choses anciennes et en ouvrant nos cœurs aux choses futures, c'était certes un projet légitime autant que caressé. Hélas! comme tant d'autres il s'est évanoui : et moi qui sais depuis longtemps le peu qu'est l'homme et la vanité de ses pensées, je viens d'apprendre encore combien il est vrai que nous sommes des voyageurs d'un jour, et qu'à un point ou à un autre de la route où nous cheminons, joyeux ou tristes, le meilleur compagnon nous quitte et souvent sans nous dire adieu!

Ici, toutefois, la séparation n'est pas sans espérance. Lorsqu'une existence a été consacrée à Dieu et à ses semblables, la mort n'a rien d'effrayant; ce dernier sommeil marque même aux yeux de la foi le moment où commence la véritable vie. Que ce soit mystérieux, je n'en disconviens pas; mais j'en ai la conviction profonde et la certitude : celui qui a servi Notre Seigneur Jésus-Christ, s'il n'est plus avec nous est avec Dieu. Il est entré dans les régions sereines de l'éternelle paix, ou il en franchit les frontières. Il avait dit au Maître souverain de toutes choses : *Notre père qui êtes aux cieux, que votre volonté soit faite!* Et la volonté de Dieu s'est accomplie. Il lui avait dit: *Que votre royaume arrive!* Et ce royaume, il en reçoit l'investiture.

Autant qu'il nous est permis de le croire, vous et moi, mes Frères, nous croyons qu'il en est ainsi pour celui que nous pleurons : c'est ce que j'ai pensé sur-le-champ et vous aussi.

En apprenant la funeste nouvelle que le curé d'Ambarès venait d'expirer, vous vous êtes retracé dans un saisissant tableau, ses qualités d'esprit et de cœur, les exemples qu'il a donnés, la patience et l'oubli de lui-même qu'il a pratiqués sans relâche, ses souffrances domptées par l'énergie de sa volonté, pour rester sur la brèche; et vous vous êtes écriés : Le bon M. Perrin a droit à nos plus immenses regrets; c'est un bienfaiteur, c'est un père qui nous est ravi; soldat du Dieu vivant, il est tombé foudroyé sur le champ de bataille :

Dieu ne peut pas laisser sans récompense un pareil
serviteur.

Vos magistrats ont compris et partagé votre
élan ; navrés comme vous, ils se sont faits les
témoins de cette longue vie sans reproche et les
organes de la reconnaissance publique.

D'une extrémité à l'autre du diocèse, le clergé a
aussi d'une voix unanime acclamé cette mort
comme celle d'un juste qui avait honoré le sacerdoce ; tous ont mesuré le vide qu'une telle perte
faisait dans leurs rangs ; tous se sont sentis fiers
d'avoir compté ce frère d'armes sous leur drapeau,
et en priant pour lui ils se demandent si ce n'est
pas lui qui prie déjà pour eux dans le séjour de la
gloire.

Ainsi encore, et dès le premier instant, s'est
exprimé tout haut l'auguste vieillard qui, sous la
pourpre sacrée, survit, capitaine illustre, à ses
lieutenants. Le jour de la Présentation de la
Vierge, célébrant les divins mystères dans ce
séminaire où l'abbé Perrin se disposait avec tant
de joie à aller renouveler ses promesses cléricales,
Monseigneur le Cardinal, ému de la triste nouvelle
qu'il vient de recevoir, en fait part comme un père
à sa famille désolée, et ne craint pas de dire que
c'est un saint prêtre que la terre a donné au ciel.

Mais le ciel, ô mon pieux ami, était le terme
de votre ambition ; vous y aspiriez de toutes les
puissances de votre âme ! C'était l'objet de vos
méditations habituelles, et « vous ne donniez plus

» le nom de peines à ce que vous enduriez pour y
» parvenir, ni le nom de plaisirs à ce qui eût été
» de nature à vous en éloigner : mais, tout entier,
» comme parle saint Jean Chrysostôme (¹), à cette
» grande pensée, quelles que fussent les contra-
» riétés et les misères inséparables du commerce
» des hommes, vous restiez épris des chastes
» délices de la cité sainte où tout est allégresse et
» félicité, splendeur et lumière sans ombre ni
» mélange. » Vos vœux les plus ardents doivent
donc être pleinement satisfaits. Vous cherchiez le
port, et vous y êtes; vous vouliez votre Seigneur
et vous l'avez. Prêtre fidèle, Jésus-Christ vous
invite, après avoir porté le poids de la chaleur et
du jour, à partager son repos. Tressaillez donc,
réjouissez-vous à jamais!

Seulement, ô mon ami! que du sein de ces joies
pures descendent la grâce et la force sur les êtres
qui vous étaient chers, et par-dessus tout sur votre
tendre et vénérable mère! Pauvre femme! trop
semblable à Rachel, elle ne devrait pas accepter
de consolations, après avoir perdu le fils qui, à
tant de titres, était tout pour elle ici-bas: mais ce
n'est pas d'aujourd'hui qu'elle est familiarisée avec
les poignantes épreuves et que, s'élevant à la
hauteur de tous les sacrifices, elle a courbé la tête
et su se résigner. Obtenez-lui de ne pas faiblir,
bien qu'elle boive le calice jusqu'à la lie; qu'elle

______

(¹) In psalm. CXIV.

vous sente encore près d'elle et qu'elle s'appuie sur votre cœur comme si vous ne lui aviez pas été ravi! Ou, si l'illusion est impossible, s'il lui faut savourer les amertumes de l'absence, qu'elle se souvienne au moins que vous êtes passé sur cette terre en faisant le bien, que vos mérites s'ajoutent à tout ce qu'elle souffre elle-même, et que chaque heure qui s'écoule hâte sa délivrance et la rapproche de vous!

Bordeaux. — Imp. G. GOUNOUILHOU. rue Guiraude, 11.